LES ASSISES DU TEMPLE

Poésies maçonniques

Louis Malvesin

Academia Platonica
www.AcademiaPlatonica.com

Les assises du temple – Poésies maçonniques, par Louis Malvesin, 1ère édition, 1857 Bordeaux, imprimerie Métreau et compagnie, Rue du Parlement-Ste-Catherine, 19. Copyright Academia Platonica © 2018

Tous droits sur cette édition réservés
"Éditions Academia Platonica ".

Éditeurs : Jean-Louis de Biasi - Patricia Bourin
Éditions Academia Platonica © 2018
Pahrump, NV, 89061, USA
contact-tp@theurgiapublications.com
Fabriqué aux États-Unis
ISBN : 978-1-926451-10-7

Découvrez les autres publications
de la collection « Franc-maçonnerie »
www.AcademiaPlatonica.com

SOMMAIRE

DISCOURS PRELIMINAIRE _____ 7
POUR LE RENOUVELLEMENT DE L'ANNÉE MAÇONNNIQUE _____ 11
LE PROGRES _____ 15
POUR LES PAUVRES _____ 21
JEHOVAH _____ 25
    LA MER _____ 25
    LE CIEL _____ 26
    LA TERRE _____ 28
LES DEUX SOLEILS _____ 29
CHANT FUNEBRE _____ 35
REGRETS _____ 39
MARCHONS _____ 41
CHANT D'ESPERANCE _____ 49
    I - AUBE _____ 49
    II - AURORE _____ 50
    III - JOUR _____ 52
    IV - HYMNE _____ 53
LA CONSCIENCE _____ 55
SYMBOLE MACONNIQUE _____ 59
    I - DIEU _____ 59
    II - IMMORTALITE DE L'AME _____ 60

DE LA CONSTANCE DANS L'ADVERSITE _____ 61
   DECOURAGEMENT _____ 61
   COURAGE ! _____ 63
CANTIQUE _____ 65
LA MARSEILLAISE DE LA PAIX _____ 67
ALERTE ! _____ 71

DISCOURS PRELIMINAIRE

Une pensée d'avenir et d'espérance doit remplir d'une joie bien douce toute âme qui ne reste pas indifférente au nom sacré d'humanité : C'est que l'homme n'a pas été placé sur la terre pour devenir la proie d'un aveugle hasard ou d'une désespérante fatalité ; c'est qu'il a un but, un bonheur à atteindre par le plus large développement de ses facultés. Le mouvement imprimé à l'humanité est un mouvement indéfini qui la conduit, à travers mille vicissitudes, de transformations en transformations, à l'accomplissement de ses destinées.
C'est à la solution de cet important problème, que les prêtres de l'antique Égypte, remplis de cette consolante pensée, travaillaient dans le silence des sanctuaires fermés aux profanes, et telle fut, sans doute, la pensée qui présida à la naissance des mystères anciens. L'amélioration du sort des hommes était évidemment le but que se proposait cette institution célèbre ; mais contre la domination de l'intelligence vint se ruer celle de la force matérielle, et dans cette lutte de deux principes opposés disparurent les mystères anciens : en Égypte, devant les Perses ; en Grèce, devant les Romains.
Mais la vérité ne saurait périr, et, semblable au germe d'une plante inconnue, qui longtemps caché dans le sein de la terre, finira par se développer et paraître, de même une idée est impérissable, et, tôt ou tard, comme une étincelle cachée sous la cendre, elle se développera au souffle du génie et illuminera l'univers ; car il y a dans le monde une nature de choses qui ne dépend en rien de la volonté des hommes : c'est la volonté de Dieu. Aussi, voyez : les portes du sanctuaire sont brisées, le fleuve de la science a cessé de couler à pleins bords, mais si les Barbares en détournent le cours, il se répand partout en mille ruisseaux, qui vont féconder le terrain abrupt des intelligences. Longtemps sous l'empire de la force matérielle, les peuples dominés par cet esprit étroit de nationalité, qui divise les

hommes et engendre les guerres, échangèrent entre eux le regard du tigre ; plus tard la civilisation grecque, fille des antiques mystères d'Égypte, apparut ; les sociétés se rapprochent, la communication des idées s'établit, et la grande unité romaine commence le travail de la fusion des races. Enfin, la croix se dressa sur le Calvaire, et alors disparut cette monstrueuse division des hommes en libres et en esclaves, consacrée par les organisations politiques et les doctrines des philosophes ; les fers furent brisés, l'humanité fut rachetée et l'espèce humaine affranchie dut se croire une seule famille dont tous les membres accomplissent une commune destinée.

Mais bientôt, au souffle impur de l'ignorance, de l'avarice, de l'ambition, s'éteignit le flambeau de la vraie philosophie, une fausse science se para de sa clarté ; la superstition et le fanatisme s'unirent pour enchaîner la raison, pour substituer les mots aux choses, pour remplacer le vrai devoir par les pratiques inutiles.

Selon nous c'est du sein de cette confusion que naquit la Franc-Maçonnerie ; sans liens directs avec les mystères anciens, ou avec la doctrine du Christ, elle a avec eux cependant des rapports de solidarité morale, parce que comme eux, elle fut l'arche dans laquelle se réfugia la vérité pour échapper aux cataclysmes qui ravageaient le monde et bouleversaient les sociétés ; elle ralluma le flambeau de la saine philosophie et s'appliqua à la recherche et à la propagation de la vérité. Malheureusement, souvent depuis, elle perdit la conscience de sa mission ; cédant à la pression d'un pouvoir ombrageux longtemps elle fut réduite aux proportions mesquines d'une association charitable : descendant du piédestal élevé d'où il préside au développement indéfini des destinées sociales, nous avons vu le génie des temps passés et des temps à venir , se cachant sous la bure de lin, être transformé en un ange de charité, tout au plus fait pour verser la baume sur les blessures de l'humanité souffrante.

Telle n'était pas cependant la mission de notre sublime institution ; établie dans l'ombre de la société profane, comme les mystères anciens, elle était appelée à exercer sur elle une salutaire influence ; mais délaissant son rôle initiateur, elle s'est bornée à assister passivement au triomphe de ses principes, triomphe dont toute la gloire appartient à quelques fervents apôtres et martyrs du progrès humanitaire, qui, dans tous les rangs de la société profane, travaillaient avec foi à leur développement le plus prochain.

Est-ce assez d'avoir vu triompher nos principes par les autres ? La mission de la Maçonnerie est-elle achevée, son but est-il atteint ? Nous ne le pensons pas. A notre sens, la Maçonnerie doit travailler au plus large développement de ces principes, veiller à leur application, appeler à elle des hommes de cœur et d'intelligence, et comme les initiés aux antiques mystères, se dévouer, non-seulement à la recherche de la vérité, mais encore à son incessante propagation ; toujours à la tête du progrès social, elle doit combattre l'erreur, dissiper l'ignorance, et, armée d'un flambeau, conduire l'humanité à l'accomplissement de ses destinées, c'est-à-dire à la perfection. En présence du mouvement qui s'opère autour d'elle, il faut qu'elle devienne la force régulatrice qui dirige ce mouvement ; elle doit tenir en garde la société contre l'engouement des systèmes exclusifs et hasardés, arrêter aussi bien les mouvements désordonnés en avant, que les tentatives d'enrayage ou de rétrogradation ; empruntant une comparaison au monde matériel, nous dirons qu'elle doit-être, dans le mouvement progressif qui pousse l'humanité, le volant qui régularise et règle la force d'impulsion ; aussi pensons-nous que le large développement des questions morales, l'étude des questions de statistique et d'économie sociale devrait être à l'ordre du jour de nos travaux, afin de pouvoir, en connaissance de cause, éclairer la société et la prémunir contre les fausses doctrines et les séductions de systèmes imprudents ou dangereux.

C'est dans l'espérance de pouvoir concourir à ce but que l'auteur a réuni ces faibles morceaux d'architecture, où se trouvent développés quelques-uns des grands principes de la morale universelle, et qu'il offre à ses frères comme un humble témoignage de sa sympathie. Puisse cette pierre qu'il apporte à l'édifice, que tous nous élevons à la gloire du G∴ Arch∴ de l'Un∴, concourir à son achèvement et réveiller le zèle des enfants la vraie lumière : C'est là son désir le plus ardent ; c'est là aussi la seule récompense qu'il ambitionne.

POUR LE RENOUVELLEMENT DE L'ANNÉE MAÇONNNIQUE

(23 MARS)
I
Eternité, néant, passé, sombres abîmes
Que faites-vous des jours que vous engloutissez...
A. De Lamartine

Amis, nous avons vu l'hiver et la froidure
Arracher à nos bois leur fauve chevelure,
Le printemps, qui sourit, se couronner de fleurs,
De blonds épis la terre en tous lieux parsemée
Et du raisin vermeil la grappe parfumée.
Tomber aux pieds des vendangeurs.

Nous avons vu des cieux l'éclatant diadème,
En vainqueur dans les airs portant son vol suprême,
De ses feux réchauffer nos fertiles sillons ;
Puis dirigeant son cours sur un autre hémisphère,
Nous l'avons vu descendre, et jeter sur la terre
Ses tièdes et pâles rayons.

Mais de son long sommeil sort enfin la nature :
Doux symbole d'espoir, dans nos champs, la verdure
Et les fleurs, du printemps annoncent le retour ;
Dans nos cœurs attristés naît enfin l'espérance
Et vers les cieux notre âme oublieuse s'élance
Sur les ailes d'un chant d'amour.

Oh ! pourquoi faut-il donc qu'à ces chants d'allégresse
Se mêlent le regret et la sombre tristesse,
Et des teintes de deuil, en ce riant tableau,

Lorsque d'un nouvel an nous atteignons les plages,
Lorsque le temps rapide, à la chaîne des âges
Vient river un nouvel anneau ?

Amis, c'est que le siècle en poursuivant sa course
De nos jours prompts à fuir voit s'écouler la source
En rêve, en espérance, en désirs indiscrets ;
C'est que dans la tiédeur chacun de nous sommeille,
C'est que le lendemain, le jour comme la veille,
Meurent nos stériles projets.

Espérer et rêver est-ce là notre tâche ?
Non ; combattre l'erreur, travailler sans relâche
A propager partout la sainte vérité,
En ce siècle de fange et de honte et de crimes,
A populariser les sublimes maximes
De l'amour, de la charité :

Frères, voilà le but du Franc-Maçon fidèle :
Devant nous du bonheur s'ouvre l'ère nouvelle ;
Que l'espoir rentre enfin aux cœurs découragés,
Qu'aucun de nous ne manque à sa tâche sacrée,
Et bientôt nous verrons la terre délivrée
Du joug honteux des préjugés.

Aux malheureux à qui l'ennui, la peine amère,
Disent : « assez souffert, assez sur cette terre
« Supporter de ces jours le pénible fardeau. »
Frères, disons : espoir, amitié, bon courage !
Le Ciel devient serein après les jours d'orage,
Et brille d'un éclat plus beau.

Combattons du passé ce funeste héritage :
Le farouche duel, dont l'implacable rage

Consacre par ses lois le double assassinat,
Puis érige en vertus et la force et l'adresse
Et livre l'avenir d'une ardente jeunesse
Aux chances d'un fatal combat.

Aux riches endurcis par le froid égoïsme,
Sans entrailles ni cœur, dont l'effronté cynisme
Insulterait encore aux saints droits du malheur
Faisons entendre des paroles sévères,
Disons-leur : « Devant Dieu ces hommes sont vos frères ;
Eux ont aussi droit au bonheur ! »

« Pour être malheureux, ils n'en sont pas moins hommes
Riches comme indigents, ici-bas tous nous sommes
Enfants du même Dieu, faits du même limon ;
L'avarice et l'orgueil ont pu briser la chaîne,
Qui liait le faisceau de la famille humaine
Mais nous rendre inégaux... Oh ! Non ! »

« Ce n'est pas pour vous seuls que l'été se couronne
De ses riches moissons ; pour vous seuls qu'en automne,
Au penchant des côteaux pend le raisin vermeil :
La nature n'est pas une injuste marâtre,
Elle veut pour chacun, pour le roi, pour le pâtre,
Pour tous une place au soleil. »

« A vous, heureux du jour, les honneurs et la gloire
La réputation et la noble mémoire,
Et de tous ces vains hochets qui flattent votre orgueil ;
Mais au pauvre ouvrier le pain de sa famille
Et le sang de son fils, et l'honneur de sa fille
Et les planches de son cercueil ! »

A ce peuple martyr qui gémit de ses leurres

Disons : « Porte ta croix et, s'il faut que tu meures,
Meurs ; le sang des martyrs est fécond en héros :
Deux mille ans ont bientôt passé sur le Calvaire
Et Christ règne en vainqueur aujourd'hui sur la terre :
La victime après les bourreaux ! »

Dissipons en tous lieux les épaisses ténèbres
De l'erreur, déchirons tous ces linceuls funèbres
Sous lesquels on voudrait cacher la vérité,
Cherchons avec ardeur, aux sources de lumière,
Le mot de l'avenir, l'énigme du mystère :
Le bonheur de l'humanité.

Frères, d'un nouvel an, oh ! saluons l'aurore ;
Il sourit à nos voeux ; quelques efforts encore
Pour effacer les maux dont nous gémissons tous ;
Du bonheur social édifions le temple ;
Frères, joignons toujours le précepte à l'exemple ;
Frères, l'avenir est à nous !

LE PROGRES

II

La lumière est venue dans le monde et les hommes ont mieux aimé les ténèbres, parce que leurs œuvres étaient mauvaises.
(Ev. S. St-Jean, ChVIII Vers.XII.)

Progrès, fatale énigme au sens indéchiffrable,
Protée au front changeant toujours insaisissable,
Mirage décevant, qu'aux champs de l'avenir
L'homme avide de foi, d'amour et d'espérance,
Au-delà du désert de sa triste existence,
Incessamment voit fuir ;

Progrès, vaine chimère, insoluble problème,
Pourquoi, lorsqu'en ton nom l'homme lance anathème
Sur les œuvres du jour qui vient de s'écouler,
Sur tout ce qui n'est pas, avenir près d'éclore,
A ce monde vieilli qui t'appelle et t'ignore
Ne pas te révéler ?

Combien ils sont amers les flots de ma pensée,
De quel poids douloureux mon âme est oppressée,
si du manteau du temps je soulève les plis ;
Si d'un passé poudreux je fouille ls annales,
Si j'ose interroger les ombres colossales,
De vingt siècles vieillis !

L'entendez-vous encor au sommet du calvaire,
Étendant, plein d'amour, ses deux bras sur la terre,
L'homme-Dieu s'écrier sous le fer des bourreaux :
« Ah ! qu'un lien d'amour remplace les entraves ;

« Les Grecs et les Romains, les maîtres, les esclaves
« Désormais sont égaux ! »

Mais cette voix d'en-haut, ce soupir qui s'exhale,
Résumé rigoureux de sa douce morale,
Tombe incompris des uns, par d'autres étouffé ;
Rome fait des Chrétiens des vastes catacombes,
Christ eût-il triomphé ?

Progrès ! disaient alors et Néron et Tibère
Que, pour les vains plaisirs des maîtres de la terre,
Ces infâmes Chrétiens soient livrés aux lions ;
Que le Germain, le Franc, et le Scythe et le Slave,
Que tout ce qui n'est pas Rome devienne esclave ;
Meurent les nations !

Progrès ! Progrès ! criaient à leur tour les Vandales
Alors qu'ils renversaient du faîte jusqu'aux dalles
Ces chefs-d'œuvre des arts, faits de marbre et d'airain ;
Peuples, unissons-nous ! captifs, plus d'esclavage !
Que la flamme et le fer marquent notre passage ;
Meure le nom romain !

Progrès ! dirent aussi les Chrétiens d'un autre âge
Excitant et prêchant un saint pèlerinage
Pour venger le tombeau profané de leur Dieu ;
Pleines d'un zèle ardent, les cohortes sacrées,
De pillage et de sang, de meurtres enivrés
Arrivent au saint lieu ;

Au nom d'un Dieu d'amour, ils égorgent des frères ;
Au nom d'un Dieu de paix, ils ravagent leurs terres ;
De vingt peuples amis ils détrônent les rois,
Eux, les sujets d'un roi, qui, des faveurs divines,

N'accepta pour bandeau qu'une tresse d'épines,
Pour trône qu'une croix !

Puis fatigué, brisé de ces courses lointaines,
Le peuple moutonnier vint reprendre ses chaînes ;
Et d'un roi plus puissant lui-même le vassal,
Le seigneur pressura ce peuple fait matière
Et bien longtemps tomba la toison populaire
Sous l'acier féodal.

Et le prêtre enrichi des dépouilles opimes
Du serf exténué par la taille et les dîmes
Trafiquait, pour de l'or, de l'enfer et du ciel ;
Et ces impurs traitants, dans leur orgueil immonde,
Aspiraient à l'honneur d'établir sur le monde
Un pouvoir temporel.

Progrès ! progrès ! alors osa crier un homme
Que ces honteux abus irritaient contre Rome ;
Cesse des préjugés l'aveuglement fatal !
Rome a tué l'esprit pour animer la forme ;
Chrétiens, accomplissant une sainte réforme ;
Guerre au pouvoir papal !

Progrès ! criaient aussi ces purs évangélistes,
Alors qu'une victime allait grossir les listes
Des malheureux tombés sous le fer huguenot.
Progrès ! criait encore Rome la catholique
Alors que le bourreau du sang d'un hérétique
Arrosait l'échafaud !...

Mais le flot populaire a soulevé la tête,
De sombres pronostics annoncent la tempête ;
Les timides agneaux, sont devenus lions :

Sur les trônes, les rois sont glacés d'épouvante ;
Par un meurtre fameux s'ouvre l'ère sanglante
Des révolutions.

Eux aussi s'exclamaient, dans leur sombre délire,
Progrès ! les rois s'en vont ; à nous, à nous l'empire !
Même au-dessus de Dieu mettons la liberté ;
Réveillons l'univers par le bruit de nos chaînes
dieu par le bruit de nos chaînes
Immolons, il le faut, des victimes humaines
A notre déité !...

Puis vinrent, sur les bords de la Seine plaintive,
Les Barbares criant à la France captive :
Progrès ! de liberté montrez-nous moins jaloux ;
Sous le joug étranger, Français, courbez vos têtes ;
Expiez dans les fers la gloire des conquêtes
Esclavage pour vous !

De ces temps désastreux périsse la mémoire !
De nos champs, profanés ils bannissent la gloire,
Et si la liberté revint après quinze ans,
Ce n'était plus ce Dieu qu'un noble éclat couronne,
Qui réveille les rois endormis sur le trône
Par ses mâles accents ;

D'avides courtisans, ô honte, ô sacrilège !
Et les puissants, du jour formaient seuls son cortège ;
Un sénat d'avocats, au fond de son palais,
Sous un réseau de lois étouffe l'Immortelle ;
Et le peuple accueillant la royauté nouvelle,
Criait encor : Progrès !...

Et l'égoïsme affreux, ange impur des ténèbres

Voit son règne approcher, et ses accents funèbres
Retentissent partout ; dans les conseils des rois,
Du destin des états lui seul tient la balance,
Dicte tous leurs décrets, et de l'indépendance
Il étouffe la voix.

Et l'or, ce dieu puissant, qui, des lieux où nous sommes,
Chassa les autres dieux, établit sur les hommes
Son pouvoir corrupteur, son prestige fatal ;
Et la corruption, et l'intérêt sordide
Illuminent déjà d'une lueur livide
L'horizon social.

Pénible enfantement ! Heureux d'affreux mystères !
Les ombres en tous sens se mêlent aux lumières ;
Les doutes, à la foi, l'espérance, aux regrets;
Et dans les noirs détours de ce sombre dédale,
A ce monde croulant qui se meurt et qui râle
Chaque jour dit : Progrès !

Le Progrès ! est-ce donc la honte ou l'esclavage ?
Est-ce donc l'échafaud, la guerre, le pillage ?
Est-ce donc le pouvoir tuant la liberté ?
Est-ce donc les erreurs d'un sombre fanatisme ?
Est-ce donc les calculs étroits de l'égoïsme ?
Est-ce l'impiété ?

Non ; Dieu n'a pas voulu qu'une suite de crimes
Enchainant tour-à-tour, ou bourreaux ou victimes,
Les hommes ici-bas ; car déjà dans les cieux,
A travers les vapeurs d'un crépuscule sombre
Le soleil du progrès, pâme reflet sans ombre
Apparaît à nos yeux.

Oui, lorsque les lueurs ses mêlent aux ténèbres,
Que l'égoïsme affreux tend ses voiles funèbres
Sur la société qu'il déchire en lambeaux ;
Que l'or a tué Dieu, et que le vice immonde
Détrône la vertu pour régner sur le monde,
Ou mieux, sur le chaos ;

Il est un noble but pour la Maçonnerie :
Faire un peuple de tous ; du monde, une patrie ;
Laisser luire au grand jour la grande vérité ;
Noyer la sombre erreur sous des flots de lumière,
Et crier comme Christ, autrefois, à la terre :
Liberté ! charité !

Soldat de l'avenir, active sentinelle,
Que le Maçon réponde à la voix qui l'appelle !
Qu'un doux espoir pénètre au cœur de l'opprimé !
Que l'égalité règne en tous les lieux du monde
Et que tout homme enfin à tout homme réponde :
Frère, mon bien-aimé !

Ainsi qu'à l'Orient, berceau de la lumière,
L'Occident doit répandre à torrents, sur la terre,
Avide de progrès les feux de son soleil
Astre de vérité, d'amour, d'intelligence
Qui, du monde, engourdi par sa longue souffrance
Hâtera le réveil.

Et la liberté sainte, en prodiges féconde,
Messagère de paix, fera le tour du monde
Affranchissant du joug les peuples en tout lieu ;
D'entre les nations tomberont les barrières
Et pleins d'un même amour, les hommes seront frères,
Tous rendant gloire à Dieu.

POUR LES PAUVRES

(Lue à la fête solsticiale de la Saint-Jean d'Hiver.)

III

Donne aux pauvres et tu auras un trésor dans le Ciel Jésus.
(Evang. S-Math., CH. 19.)

Voyez ! le soleil fuit; sur un autre hémisphère
Il porte et sa chaleur et sa fécondité ;
Les obliques rayons de sa pâle lumière
Glissent sans l'échauffer sur le sol attristé.
Fruits vermeils, blanches fleurs, feuillages et verdure,
Jours éclatants d'azur, nuits brillantes de feux,
De la terre et du ciel éclatante parure,
Ah ! dans un long soupir recevez nos adieux !

Vous fuyez, et voici la froidure et la neige,
Et les jours sans soleil, et les obscures nuits ;
Voici le vieil hiver avec son froid cortège
De misères, de maux et de sombres ennuis.
Ah ! quand le ciel sourit, pourquoi donc l'espérance
Verse-t-elle en nos cœurs ses trésors les plus doux;
Et quand l'été s'éloigne et que l'hiver s'avance,
Fuit-elle loin de nous ?

Il semble en ces instants qu'une sombre tristesse
D'un long crêpe de deuil voile tout l'avenir,
L'infortuné succombe au fardeau qui l'oppresse,
Et pour lui le malheur ne doit jamais finir.
Car l'hiver, voyez-vous, pour lui c'est la misère,

Au teint hâve, à l'œil creux, aux dégoûtants haillons,
C'est le froid, c'est la faim, mauvaise conseillère,
Le désespoir affreux avec ses aiguillons.

Mais si le doux espoir, ce compagnon fidèle,
Des beaux jours, avec eux, fuit loin de nos climats ;
La sainte bienfaisance a déployé son aile
Et devancé l'hiver et les sombres frimas :
Dans le grenier poudreux où gémit l'indigence,
Dans le fangeux réduit qu'habite la douleur,
La douce charité ramène l'espérance
Et fait croire au bonheur.

De la bonté céleste ardente messagère
Voyez-là se cachant sous la bure et le lin,
Être à la fois la sœur, et la fille, et la mère
Du vieillard sans enfants et du pauvre orphelin.
Voyez-là se glisser, ingénieux Protée,
Dans les salons dorés des hôtels somptueux,
Et sous les vains atours de sa forme empruntée
Quêter, chez le plaisir, le pain des malheureux.

Puis aux transports du bal, à l'éclat d'une fête,
Voyez-là convier les heureux d'ici-bas ;
Voyez-là de rubans, de fleurs ornant sa tête,
Pour les pauvres glaner l'aumône sous leurs pas.
Parfois même empruntant les traits de la fortune,
A la richesse offrant l'appât brillant de l'or,
En faisant des heureux, de la sombre infortune
Elle accroît le trésor !

Mais les puissants du jour, mais les heureux du monde,
Ceux pour qui l'existence est un chemin de fleurs,
Appellent de leurs vœux l'hiver, source féconde,

D'où découlent flots et plaisirs et bonheurs.
Pour eux voici le bal et son fougueux délire,
Ses guirlandes de fleurs et de jeunes beautés
Ses accords enivrants, ses parfums, son sourire,
Ses transports inconnus, ses molles voluptés.

Voici le premier jour d'une nouvelle année,
Aurore qui sourit à leurs brûlants désirs,
Voici venir pour eux venir l'époque fortunée
De splendides festins, et de bruyants plaisirs.
Toi qi cherches la joie, ô riche, il en est une
Bien douce et que toujours tu pourrais obtenir :
Celle que l'on éprouve en aidant l'infortune,
En s'entendant bénir !

Convives fortunés du banquet de la vie,
Donnez ! peu prennent part à ce joyeux festin ;
Donnez ! pour que le pauvre au désespoir n'envie
Les fruits dont le bonheur sema votre chemin ;
Songez que des bienfaits la semence féconde
Au champ de l'avenir de doux fruits portera,
Il est écrit : « Celui qui sème dans ce monde
« Au centuple dans l'autre un jour récoltera. »

Que la voix du malheur ne soit pas importune
A votre cœur, songez à votre éternité !
Pour vous tenter le ciel vous donna la fortune,
Riches, pour vous sauver la veille la charité !
Et nous, frères, donnons un salutaire exemple :
De l'égoïsme affreux soyons toujours vainqueurs,
Au malheureux qui frappe à la porte du temple
Ouvrons aussi nos cœurs !

JEHOVAH

IV

HYMNE

Oh ! Que suis-je Seigneur, devant tes cieux et toi.
                                      A. De Lamartine

LA MER

I

De l'onde
Profonde
La voix
Murmure :
Nature,
Je crois !

Sur la rive
Elle arrive
En disant :
O louanges !
Roi des anges,
Dieu puissant !

Source infinie,
Pure harmonie,
Rayon d'amour,
Mon flot volage

Te rend hommage
Et nuit et jour !

Mais quand la tempête
Soulevant sa tête
Gronde à l'horizon,
Que l'éclair rapide,
Dans le ciel livide,
Trace son sillon ;

Alors sa voix plus forte,
Que la tempête emporte
Dans son bruyant émoi,
Sur l'aile de l'orage,
S'élevant du rivage,
Seigneur, monte vers toi !

Le matin avec l'aurore,
Ou quand le soir vient d'éclore
Sur les bords de l'horizon,
Qu'il mugisse ou qu'il soupire,
Dans son calme ou son délire,
Tout flot murmure ton nom.

LE CIEL

II

Et dans le ciel la vive étoile,
Que de la nuit brode le voile,
Paillette d'argent sur l'azur ;
Le soleil, astre qui féconde,
Les comètes, effroi du monde ;

Les planètes au disque obscur ;

Ces feux brillants qui scintillent dans l'ombre,
Dont, ô mon Dieu, seul tu connais le nombre,
Qui chaque nuit s'allument devant toi ;
Qui, de tes mains, gerbes de feu jaillirent,
Et dans les champs de l'air s'épanouirent,
Seigneur, Seigneur, te proclament leur roi !

Ces monts épars au ciel, ces rapides nuages
Courant s'amonceler à la voix des orages
Que roule à gros flocons l'haleine des autans,
Dont le soleil couchant dore les longues franges
Célèbrent, ô Seigneur, tes divines louanges
Par la voix de l'éclair que recèlent leurs flancs.

L'aurore, du matin auréole éclatante,
L'arc-en-ciel radieux, écharpe chatoyante,
De tes tentes, Seigneur, étendard glorieux,
Et la nuit et le jour, l'aube et le crépuscule,
Chacun, sur son clavier, à tout instant module
Un hymne solennel, un chant religieux.

De l'ouragan la vois sombre et sauvage,
Le chant léger du zéphire volage,
Les sifflements du fougueux aquilon,
Les vains soupirs de la brise légère,
Les mille cris, qui montent de la terre,
Chantent aussi leur cantique en ton nom !

Les douces larmes de l'aurore,
L'humidité qui s'évapore,
Et la poussière des torrents,
Le brouillard, humide fumée,

L'haleine de bois parfumée,
Montent à toi comme un encens.

LA TERRE

III

De la terre qui sommeille,
Quand la grande voix s'éveille,
Hymne saint, sacrés concerts,
Ivre de reconnaissance
Vers ton trône elle s'élance,
Divin roi de l'univers !

Le rameau qui s'agite,
Et l'onde qui palpite
Aux premiers feux du jour,
L'insecte qui bourdonne
Sa chanson monotone,
T'expriment leur amour.

Des oiseaux hommage,
Dans le vert bocage.
Éclate le chœur;
La cloche rustique
Murmure en cantique,
Hymne en ton honneur.

Hélas ! et l'homme
Jamais ne nomme
Ton divin nom ;
Le soc du doute
Trace en sa route

Son froid sillon.

Mais mon âme,
Pure flamme,
O mon Dieu !
Attendrie,
Chante et prie
En tout lieu ;

S'élance
Et pense
A toi ;
O Père !
J'espère,
Je crois !

LES DEUX SOLEILS

(Lu à la fête solsticiale de la Saint-Jean d'été.)

III

I
Des cieux éclatant diadème,
Phare immense au-dessus des mers,
De la terre flambeau suprême,
Soleil, âme de l'univers,
Poursuivant ta course féconde,
Sans cesse illuminant le monde
Du noble éclat de tes rayons,
Ta chaleur bienfaisante essuie
Nos champs arrosés par la pluie,

Ces pleurs du ciel sur nos sillons.

Lorsque l'hiver sur la nature
Étend son manteau de frimas
Et que la mort et la froidure
Règnent seules sur nos climats,
Regard de la bonté divine,
Vers nous la Providence incline
Tes rayons, pâles et doux feux ;
Et pénétrant les froides brumes,
Chaque jour pour eux tu l'allumes,
Tiède foyer des malheureux !

Puis reprenant enfin ta course
Étincelante de clarté,
Ouvrant pour la terre la source
D'une riche fécondité ;
Au plus haut point de ta carrière
Versant ta splendide lumière,
Des ombres de la nuit vainqueur,
Tu chasses les pâles ténèbres,
De la terre voiles funèbres,
Emblème de la sombre erreur.

Que te fait le rang ou la secte ?
Pour tous également tu luis :
Pour l'aigle comme pour l'insecte,
Pour les lieux debout ou détruits,
Pour l'Indien qui te contemple,
Pour l'homme qui prie en un temple,
Pour le riche et l'indigent,
Pour le guerrier et pour le pâtre,
Pour le chrétien ou l'idolâtre,
Pour le juste et pour le méchant !

Parfois, effroi de la nature,
Des comètes en vol errant,
Montrant leur longue chevelure,
Sillonnent l'azur en courant,
Et brillant d'un éclat livide,
Poursuivent leur course rapide
Pour ne reparaître jamais !
Toi, traçant tes courbes immenses,
Chaque matin, tu recommences
Ton cours si fécond en bienfaits !

D'espoir et de foi pur symbole
Emblème d'un divin amour,
Des cieux éclatante auréole,
Les Maçons fêtent ton retour ;
Eux, disciples d'une science,
Qui proclame l'intelligence
Comme le flambeau des humains,
Qui brillant aussi sur le monde,
En bienfaits généreux féconde,
A l'infortuné tend les mains.

II
Oui, du Soleil fidèle image
Éclairant cent peuples divers,
De siècle en siècle, d'âge en âge,
Elle brille sur l'univers !
Que lui fait le rang, les croyances ?
Elle rapproche les distances,
Et ses rayons fécondateurs
Propageant les saines maximes,
Enfantent les vertus sublimes,
Et chassent les vaines erreurs.

Oui, frères ! la Maçonnerie,
Ce phare de l'humanité,
Dans les siècles de barbarie ;
Ne voile jamais sa clarté,
Et toujours à son but fidèle,
Elle sut prendre sous son aile
L'homme éprouvé par les douleurs ;
Sondant des misères le gouffre,
Du malheureux qui pleure et souffre,
Sa main sut essuyer les pleurs !

Dans ces temps de rude esclavage,
Suicide de l'humanité,
Elle réchauffa le courage
Des martyrs de la liberté :
Quarante chevaliers du Temple
Périrent, salutaire exemple,
Au peuple offert par un tyran ;
Et toujours au malheur fidèle,
Elle jura haine éternelle
A ceux qui s'abreuvent de sang.

Aujourd'hui que la tyrannie
Vaisseau sans mâts et sans agrès,
Sur l'humanité rajeunie,
Voguant, battu par le progrès,
Tout mutilé par la tempête
Sur sa quille dressant sa tête
Est prêt à sombrer sous les flots,
Le soleil de l'intelligence,
Des peuples calmant la souffrance,
Doit briller pour sécher leurs maux !

Parfois de vains et faux systèmes,
Comètes du monde moral,
Obscurs et périlleux problèmes,
Ont brillé d'un éclat fatal ;
Comme un rapide météore
S'éteint en redoublant encore
L'impénétrable obscurité,
Ces feux errants, pâle lumière,
Ont éteint, longtemps, pour la terre,
Le flambeau de la vérité.

Mais la Franche-Maçonnerie,
Du monde ce brillant soleil,
De la terre, vaste patrie,
Hâtant le glorieux réveil,
Des divers peuples qu'il rassemble
Ne formant plus qu'un vaste ensemble,
Que rien ne saurait désunir,
Chassant les vices de la terre,
Aux vertus ouvrant la carrière,
Sera l'astre de l'avenir.

CHANT FUNEBRE

(Lu à la cérémonie funèbre en l'honneur du duc de Choiseul, prés∴ du Sup∴ C∴ rit Ecossais)

VI

Non omnis moriar.
Horace

Pourquoi ces vains apprêts ? Pourquoi ces pompes vaines ?
Ces fragiles hochets des vanités humaines,
Ces larmes et ce deuil ?
Ce silence de mort, ce luxe de ténèbres,
Et les pâles reflets de ces lampes funèbres,
Autour de ce cercueil ?

Pourquoi, sur ces lambris embellis de sculptures,
Descendent à longs plis ces lugubres tentures,
Sombre emblème de mort ?
Pourquoi de l'Orient l'étoile flamboyante
A-t-elle éteint pour nous sa gloire étincelante,
Image du Dieu fort ?

Frères, la mort, hélas ! incessamment moissonne
Le printemps ou l'été, ou l'hiver, ou l'automne,
Rien n'arrête son bras ;
Le fort ou l'opprimé, l'innocence ou le crime,
Le pauvre ou l'opulent, qu'importe la victime ?
Elle ne choisit pas.

Choiseuil, hélas ! n'est plus... la lumière éclatante
Qui guidait des Maçons la marche vacillante
Aux champs de l'avenir.

Le bras qui soutenait les colonnes du Temple,
Le maître qui joignait le précepte à l'exemple,
Hélas ! vient de mourir !...

Pleurons, Frères, pleurons ! Effeuillons sur la tombe
Du chef qui nous guida, du Frère qui succombe,
Les fleurs de nos bouquets ;
Mais laissons déclamer, à des bouches profanes,
Les discours louangeurs aux formes courtisanes,
Et les menteurs regrets.

La tombe est un creuset où tout se purifie,
Le souffle de la mort en tuant vivifie,
Et nous rend tous égaux :
Le Duc, c'était le corps, et le corps est poussière ;
Mais l'âme, qui survit, l'âme : voilà le Frère
Qui guida nos travaux.

Adieu le noble éclat d'un nom cher à l'histoire !
Adieu les vains honneurs, l'auréole de gloire,
Rayons éblouissants !
Soulevez un instant le marbre tumulaire,
Voyez !... Que reste-t-il du Pair héréditaire ?...
Quelques froids ossements !...

O Néant des grandeurs et des choses humaines !
Richesse, rang, honneurs, pouvoir, gloires mondaines,
Qu'êtes-vous devenus ?
Éphémère vapeur, bien, hélas ! périssable,
A vous a survécu le trésor le plus durable
Des sublimes vertus ;

Car tout ne périt pas avec ce corps de fange,
Et l'âme, en s'envolant sur les ailes d'un ange

Vers le céleste lieu,
Et du bien qu'elle fît ou qu'elle aurait pu faire
Pendant ces jours d'exil, ici-bas, sur la terre,
Va rendre compte à Dieu.

REGRETS

(Pour le premier jour de l'année vulgaire.)
VII

> *Fugit irreparabite tempus.*
> Horace

Pourquoi viens-tu peser sur mon âme oppressée,
Importun souvenir d'un passé qui n'est plus ?
Pourquoi me rappeler votre image effacée,
Beaux jours que j'ai perdus ?

Quelques instants encor et de l'an qui s'achève
Je pourrai recueillir les douze longs soupirs ;
Un an passé déjà !...
Mais non, c'est un long rêve de peine et de plaisirs.

Un rêve !.... C'est en vain que mon âme s'abuse,
Le temps jaloux nous fuit avec rapidité,
Et tout change et s'éteint et tout passe, et tout s'use,
Tout hors l'éternité !

Vers ce but infini, le torrent séculaire
Entraîne dans son cours les générations,
Et roule confondues et les flots du vulgaire,
Et rois et nations.

Le siècle à pas géants toujours poursuit sa course,
Et l'homme, tourmenté de désirs indiscrets,
De ses jours prompts à fuir voit s'écouler la source
En stériles projets.

Toujours, dans l'avenir son âme avide plonge,

Le présent s'engloutit dans la nuit du passé ;
Quel fruit a-t-il porté ?... Il a fui comme un songe
Par l'aurore effacé.

Abandonnant mon cœur à la douce espérance,
M'abreuvant à longs traits de ce philtre enivrant,
Pour ce vague avenir où mon âme s'élance,
J'oubliai le présent ;

Et j'ai vu fuir le temps, entassant sur ma tête
Les heures et les jours, et les mois et les ans...
Ah ! pourquoi faut-il donc qu'aujourd'hui je regrette
Ces rapides instants ?

Vains regrets !... C'en est fait... la dernière heure expire ;
L'airain heurté du fer, douze fois a gémi,
A l'éternel adieu que la cloche soupire,
Tout mon être a frémi ;

Et j'entends une voix s'élever dans mon âme
Au moment où le temps vient de crier : Minuit !
Ces accents, sur mon cœur, grondent comme le blâme,
Et cette voix me dit :

« Homme, te berces-tu de la folle espérance
« De voir par tes désirs les flots du temps domptés ?
« Ménage les instants de ta courte existence :
« Car Dieu les a comptés ! »

MARCHONS

VIII

L'ignorance est la plus grande maladie du genre humain.
                                                    Voltaire

Sort fatal, pénible mystère !
Chaque siècle roule en son pli
Les vaines gloires de la terre
Vers les abîmes de l'oubli ;
Le soir vient effacer l'aurore,
Chaque jour se hâte d'éclore
Sous les pas rapides du temps,
Et, mortes aussitôt que nées,
Ces tristes ou folles journées
Vont grossir le fleuve des ans !

Toujours le torrent séculaire
Roule ses flots tumultueux,
En vain les rois ou le vulgaire
Tenteraient de lutter contre eux :
Les choses bonnes et les pires,
Et les villes et les empires,
Les monarques, les nations,
Quand apparaît un nouvel âge,
S'effacent pour livrer passage
Aux flots des générations.

Toi, fille antique de l'histoire,
Égypte, des arts le berceau,
Qu'as-tu fait des rayons de gloire
Qui couronnaient ton front si beau ?...

Ah ! bien plus qu'elle impérissable,
Le semoun, sous ses flots de sable,
Engloutit Thèbes et Memphis,
A peine si les Pyramides
Au milieu des déserts arides
Marquent la tombe de ses fils !...

Toi, Palmyre ! et toi, Babylone !
Royale Tyr ! riche Sidon !
A peine une antique colonne,
Renversée auprès d'un sillon,
Atteste où furent vos murailles...
La flamme et le fer des batailles
Renversa vos nombreux palais
Et vos temples et vos portiques ;
Vos autels, vos cippes antiques,
Dorment épars dans les guérets.

L'Arabe a déplié sa tente
Aux lieux où Carthage autrefois
Reine des mers, cité puissante,
A cent peuples dictait des lois ;
Aujourd'hui, solitude immense,
Tout est ruine et froid silence
Autour de ses remparts détruits,
Et les cris rauques et sauvages
Du lion, roi de ces rivages,
Troublent seuls le calme des nuits.

Parcourez le sol de la Grèce,
Sillonné par tant de combats,
Une sombre et sainte tristesse
Partout accompagne vos pas ;
La grande voix de tant de villes,

L'écho sacré des Thermopyles
Sans retour, hélas ! sont muets.
Delphes, Athènes, Lacédémone,
De la Grèce triple couronne,
Êtes-vous mortes à jamais ?

Où donc est Rome la superbe,
Rome, reine de l'univers ?
Hélas ! elle a caché sous l'herbe
Son front resplendissant d'éclairs ;
Ce bras qui sut lancer la foudre,
Il est là, couché dans la poudre,
Le nom seul de Rome est resté...
Mais où donc ces siècles de gloire,
Que la Sybille et que l'histoire,
Promettaient à cette cité ?

Vieille Égypte, où sont tes symboles,
Tes législateurs et tes rois ?
Babylone, où sont tes idoles,
Et tes merveilles d'autrefois ?
Grèce, où sont tes guerriers, tes sages,
Tes sénats, tes aéropages ?
Olympie, où sont donc tes jeux ?
Berceau des arts et du génie,
Où sont tes cygnes, Ionie ?
O Parnasse ! Où donc sont tes dieux ?

Et toi, qu'as-tu donc fait Carthage,
De ton peuple de matelots ?
Qu'as-tu donc fait sur ton rivage
De tes flottes de cent vaisseaux ?
Où sont les villes tes vassales,
Où sont les villes tes rivales,

Rome, où sont tes fiers conquérants ?
Où sont tes cohortes de braves,
Où sont tes vils troupeaux d'esclaves,
Où sont tes vaincus expirants ?

Guerriers, législateurs, poètes,
Sages, tribuns, peuples et rois,
Tous de la mort sont la conquête !
Tous étaient sujets à ses lois,
Tous ne sont que cendre et poussière ;
Et quand, poursuivant sa carrière
Le soc des siècles a passé,
Le souffle du temps la disperse,
Et l'écrase comme la herse,
Et la mêle au sol engraissé.

Mais si, sur la terre où nous sommes,
Tout brille et s'éteint tour-à-tour,
Si les monuments, si les hommes
Apparaissent pour vivre un jour,
Les faits, conservés d'âge en âge,
Débris échappés au naufrage
Qui submerge l'humanité,
Jalonnent pour marquer la route
Où contre les écueils du doute
Vient se briser la vérité.

Ces grandes leçons, que l'histoire
Trace en caractères sanglants
Au front du temple de mémoire,
Échappent à la faux du Temps ;
Du passé la voix les répète
Quand s'allume sur notre tête
Le feu des révolutions,

Et cette voix retentissante
Anime ou glace d'épouvante
Et les rois et les nations.

Le sage s'applique et s'exerce
A la recherche de la vérité,
Et souvent sa lumière perce
A travers tant d'obscurité
Du sépulcre brisant la pierre,
Il interroge la poussière
Et les profondeurs du tombeau :
Vanité des gloires humaines !...
Lequel eut le sceptre ou les chaînes ?
Quel fut le sage ou le héros ?

Mais les faits engendrent l'Idée,
Timide, n'osant prendre essor ;
Bientôt, par la raison guidée,
Elle tente un nouvel effort ;
Sous les ailes de la pensée
Grandit, et vers les ciels lancés,
Jaillit en rapides éclairs,
Et, secouant ses vastes ailes,
Répand les milliers d'étincelles
Dont s'illumine l'Univers !

Dans les premiers âges du monde,
Siècles vides et ténébreux,
L'obscurité la plus profonde
Du profane aveuglait les yeux ;
Longtemps les antiques Mystères,
Des vérités dépositaires,
Aux humains voilà leur clarté,
Et l'initié, vivante page,

Seul transmettait cet héritage
Promis à la postérité.

Avec eux la vérité sainte
Cette noble clarté des cieux,
Se serait-elle, hélas ! éteinte ?
L'erreur ferme-t-elle ,nos yeux ?
Non ; la Franche-Maçonnerie,
Dans les siècles de barbarie,
Enfance de l'humanité
Comme les mystères antiques,
Sous les voiles allégoriques,
Sut conserver la vérité.

De cet antique et saint mystère
Aujourd'hui le temps est passé,
Du vif éclat de la lumière
Nul œil aujourd'hui n'est blessé,
Du flambeau de l'intelligence
La sainte et sublime influence,
Partout, combat la sombre erreur ;
Et sa chaleur vive et féconde
Anime les peuples du monde
D'une vive et brûlante ardeur !

Aussi n'est-ce plus dans un temple
Seulement, que sont nos travaux ;
Donnons un salutaire exemple,
En sortant d'un trop long repos !
Des hommes de progrès avides
Maçons, soyons enfin les guides
Nos efforts seront partagés,
Et bientôt, sur la terre entière,
Nous verrons crouler pierre à pierre

L'édifice des préjugés.

Dans notre siècle, impur mélange
De mensonge et de vérité,
Tout pétri de honte et de fange,
Règne d'un cynisme effronté,
Oh ! pour imposer le silence
Aux cris de notre conscience,
Ne mettons jamais de haillons ;
Vouons le crime à l'infâmie,
Qu'il cache son ignominie
Sous la pourpre ou sous les haillons.

Du passé gardant souvenance
Craignons un jour d'y revenir !
Des leçons de l'expérience
Faisons profiter l'avenir !
L'union seule fait la force,
Redoutons la trompeuse amorce,
De l'égoïsme au cœur glacé,
Prêchons l'amour, la tolérance,
Et pleins d'une sainte espérance
Marchons !... Le chemin est tracé.

Docile aux leçons de l'histoire,
Alors la jeune humanité,
Dédaignant les jeux de la gloire,
Amoureuse de la liberté,
De l'un et de l'autre hémisphère
A jamais, bannira la guerre,
Et, sous l'étendard de la paix,
Prenant la vérité pour guide,
S'avancera d'un pas rapide
Dans la large voie du progrès.

CHANT D'ESPERANCE

IX

« La vie est le combat, la mort est la victoire. »
Lamartine

I - AUBE

L'astre des nuits déjà s'incline sur les eaux,
Et lentement descend au-delà des montagnes,
L'homme au sein du sommeil goûte le doux repos.
Tout est calme, et tout dort encor dans les campagnes ;
Cependant sur les flots s'étend un léger bruit,
Frémissement plaintif de l'onde qui sommeille,
Immobile et sans voix sous l'aile de la nuit.
Debout sur le rocher du phare le feu veille.
Il est là, chaque soir comme un regard de Dieu
Qui pénètre la nuit, et que sa providence
Quand le soleil s'éteint, allume dans ce lieu,
Comme un symbole heureux d'amour et d'espérance.

Écoutez ce doux bruit, murmure harmonieux,
Haleine de la mer dont le sein se soulève ;
Suivez dans leurs contours les flots capricieux
Qui viennent lentement s'amincir sur la grève :
Sur ces récifs cachés, effroi des matelots,
Entendez les soupirs de la vague plaintive :
Humide et fraiche encor par des caresses des flots,
Écoutez voltiger la brise fugitive.
C'est l'heure du pêcheur, c'est l'aube sur les mers,
Ce bruit pareil au vent qui caresse une lyre.
Ces accords inconnus, ineffables concerts,

C'est le vaste Océan qui s'éveille et soupire.

II - AURORE

Astre mystérieux au nocturne croissant,
Sur la robe des nuits paillettes scintillantes,
Pourquoi retirez-vous vos lueurs vacillantes
De l'azur blanchissant ?

Mondes que Dieu sema dans l'espace, innombrables,
Au jour où du néant il tira l'univers,
Ainsi qu'il a semé le fond des flots amers
De rochers et de sables.

Riche ornement des cieux, feux éclatants et doux,
Dites, n'êtes-vous pas les luisantes prunelles
Des anges qui, la nuit, actives sentinelles,
Veillent des cieux sur nous ?

Etoile du matin, dans les airs scintillante,
Dans mes vagues désirs, je m'élance vers toi.
O mon ange gardien, daigne tourner vers moi
Ta clarté bienfaisante !

Mon lot de l'avenir est-ce donc le malheur !
Dis-mon ange, dis-moi, que faut-il que j'espère ?
Dois-je atteindre jamais au-delà de ma sphère
A l'éternel bonheur ?

Oui : quand jusques à toi j'élève ma pensée,
Et que je suis ton cours dans les champs de l'azur,
Je sens couleur l'espoir en flot limpide et pur
Dans mon âme oppressée.

Un noble orgueil s'épand en mon sein agité
Quand tu verses sur moi ta brillante lumière
Et quand tu disparais, mon âme libre et fière
Rêve immortalité.

Car j'entrevois alors, au-delà de la vie
Lieux où viendra briller le jour sans lendemain,
Les rivages dorés de ce céleste Eden,
Éternelle patrie.

Et nocher fatigué, souvent jouet du sort,
Sur l'océan des jours, si fécond en naufrages,
Sans effroi je navigue et je cherche les plages
De ce fortuné port...

Mais vous disparaissez, dans le ciel effacées,
Comme s'efface aussi de notre souvenir,
Bien souvent au moment qu'on voudrait les saisir
Un essaim de pensées.

A l'horizon lointain je vois pâlir vos feux ;
Où courez-vous porter vos lueurs bien-aimées ?
Etoiles dans l'éther profusément semées
Cherchez-vous d'autres cieux ?

Vous glissez sur l'azur sans laisser plus de trace
Que dans l'air qu'il parcourt n'en laisse le zéphyr,
Et vous vous éteignez ainsi qu'un long soupir
Dans les champs de l'espace.

Chassant l'obscurité, l'aube a blanchi les cieux,
De ses longs vêtements la gaze transparente
Voile encor du soleil la pourpre étincelante
Et la cache à nos yeux.

C'est l'heure du berger, dans le ciel c'est l'aurore
Des tentes du soleil, lumineux étendard ;
C'est l'heure où l'indien couve de son regard
Le jour tout prêt d'éclore.

III - JOUR

Sur la croupe des monts, parais, astre vainqueur !
Verse à torrents sur nous ta lumière féconde ;
Tes rayons bienfaisants, soleil, âme du monde,
De respect et d'amour font palpiter mon cœur.

Vers le berceau du jour, la pourpre à flots ruisselle,
Diamant éclatant qui couronne les cieux,
Pourquoi tarder encor de paraître à nos yeux :
La nature en silence et t'attend, et t'appelle ?

Salut ! des cieux vieillis, astre toujours nouveau
Dont j'admire aujourd'hui la brillante lumière !
Peut-être que demain, près d'une étroite pierre,
Tu verras se dresser l'ombre de mon tombeau.

Tandis que toi, Soleil, sur ton char de victoire,
T'élançant chaque jour de l'aurore au couchant,
Sans jamais arrêter ton vol étincelant
Tu poursuis en vainqueur ta carrière de gloire.

Oh ! combien je préfère, et je bénis mon sort !
Sous le poids de ses maux ma pauvre âme succombe,
Comme un bien elle attend le repos de la tombe,
Et comme un but heureux envisage la mort...

Mais déjà l'Orient et s'embrase et s'enflamme,

La brise du matin a frémi dans les airs,
Les hôtes des bosquets, commencent leurs concerts.
Dans les champs azurés, roule, globe de flamme !

Ondulez dans les bois, feuillages verdoyants
Mollement agités par l'aile du zéphire ;
Moissons d'or, balancez vos ondes dont j'admire,
Aux rayons du soleil, les reflets chatoyants ;

Ouvrez votre calice aux larmes de l'aurore,
Exhalez vers les cieux vos parfums les plus doux,
Fleurs qui vivez un jour, hâtez-vous, hâtez-vous,
Car de pourpre déjà l'Occident se colore !

Voix d'airain, qui gémis et chantes tout-à-tour,
Joyeuse, élance-toi de la flèche gothique,
Bourdonne dans les airs un sublime cantique,
Éveille par tes chants : les hommes : c'est le jour.

IV - HYMNE

Éclatez en accords sublimes,
Soupirs de la terre et des mers,
Sombre écho des profonds abîmes,
Murmure harmonieux des airs ;
Élevez-vous, pieux cantiques,
Montez, montez, concerts mystiques,
Chants sacrés, chœur universel !
Confondez-vous, saintes louanges,
Avec les douces voix des anges :
Retentis, hymne solennel !

Commence en chantant la journée,
Plane d'un vol audacieux,

Vole, alouette fortunée,
Tes ailes t'approchent des cieux !
Monte au sommet de l'empyrée,
Franchissant l'enceinte sacrée,
Parais aux regards de ton Dieu,
Et dis-lui-qu'en bas, sur la terre,
Une âme en sa justice espère
L'adore et le prie en tout lieu.

Comme elle élève-toi, mon âme,
De l'astre éternel doux rayon !
Trace, de tes ailes de flamme,
Dans les cieux, un large sillon ;
Que l'espérance soit ton guide ;
Dans les champs infinis du vide,
Du doute ne crains plus l'écueil ;
Chante, mon âme, chante et prie,
En attendant cette patrie
Promise au-delà du cercueil.

LA CONSCIENCE

X

Pas d'aube pour leur nuit, le remords implacable
S'est fait ver du sépulcre et leur ronge le cœur.
V.Hugo

Lorsque la nuit se fait sombre, obscure et profonde
Sans étoiles aux cieux,
Que la feuille repose et que le flot sur l'onde
S'endort silencieux.

Oh ! j'aime à suivre alors la douce rêverie,
Sur les eaux, dans les bois,
Où la nature parle à mon âme attendrie
Un langage sans voix.

J'aime à sentir en moi l'influence secrète
De ce calme du soir
Qui verse avec l'amour, dans mon âme inquiète,
Un doux rayon d'espoir :

Si je sens succomber ma pauvre âme oppressée
Sous les coups du malheur,
Si du poids importun d'une faute passée
Est accablée mon cœur,

Je vois fuit loin de moi le remords, hôte sombre,
Et la paix revenir,
Dès que ma faible voix a murmuré dans l'ombre
Un mot de repentir.

Mais vous avez grand peur quand d'épaisses ténèbres
Croissent autour de vous,
Et que vous entendez les cris lents et funèbres
Des nocturnes hiboux,

Hommes au cœur impur, dont l'unique science,
Sous des dehors menteurs,
Est d'étouffer toujours de votre conscience
Les cris accusateurs !

Vous voyez devant vous se dresser menaçantes,
Les cent voix du remords
Comme la peur, la nuit, voit errer vacillantes,
Les ombres chez les morts.

Puis de confuses voix à nulle autre pareilles,
Que la frayeur grandit,
Mille fois répétés portent à vos oreilles
Ces mots : maudit ! maudit !

Et de hideux tableaux, panoramas de crimes,
Épouvantent vos yeux ;
Car vous voyez passer l'ombre de vos victimes
Ou vos méfaits honteux.

Remplis d'effroi, fuyant au sein de vos demeures,
Vous y cherchez la paix ;
Mais, lentement marchant, le cortège des heures
Ne s'arrête jamais.

Et quand la voix du temps crie une heure nouvelle,
Pas vers l'éternité,
Votre cœur, à l'espoir d'une vie immortelle,

Recule épouvanté :

C'est qu'au dedans de nous est un juge sévère,
Toujours prompt à punir,
Dont l'homme ne saurait éteindre la colère
Que par le repentir.

SYMBOLE MACONNIQUE

XI

I - DIEU

Frères, si d'un regard vous embrassez le monde,
Si vous interrogez l'immensité profonde,
Et l'Océan sans bornes, et la Terre et les Cieux,
Si, remontant ainsi de l'effet à la cause,
Vous cherchez la raison d'être de chaque chose,
Ce principe éternel doit paraître à vos yeux.

Quelque nom qu'on lui donne, et que l'homme l'appelle
Jupiter ou Bramah, Ciel, Justice éternelle,
Esprit de vérité, Jéovah, Dieu, Seigneur,
Le cœur et la raison comme l'intelligence,
A cet aspect si beau, proclament l'existence
D'un sublime ouvrier, d'un Dieu conservateur.

Et si l'homme, admirant la terre sa conquête,
Rempli d'un noble orgueil, plus haut lève la tête,
Il croit, ivre d'amour, l'entrevoir dans les Cieux ;
Ceux-ci dans leur grandeur lui disent sa puissance ;
La Terre, sa bonté, sa sage providence ;
Et l'Univers entier n'est qu'un temple à ses yeux.

L'esprit du plus sceptique a beau chercher dans l'homme,
La vie est sans un Dieu le rêve d'un fantôme ;
Seul flambeau qui nous guide en notre obscur exil
A travers le désert de la sombre existence,
Et jette dans nos cœurs un rayon d'espérance ;
S'il s'éteignait pour nous, que nous resterait-il ?

Frères, qu'avec amour chacun de nous contemple,
Brillant à l'Orient, bel ornement du temple,
L'étoile flamboyante, image du Dieu fort ;
Que le nom de ce Dieu, comme son pur emblème,
Rayonne en notre cœur jusqu'à l'heure suprême
Où nous irons à lui sur l'aile de la mort !

II - IMMORTALITE DE L'AME

LIBERTE - EGALITE - FRATERNITE
(Devise du Grand-Orient de France)

Et nous irons à lui, Frères, car la poussière
De notre corps mortel seul retourne à la terre,
Et notre âme, rayon de la divinité,
loin d'elle repoussant la Terre, fange immonde,
Lieu d'exil, de douleur, de deuil, prison profonde
Joyeuse, au sein de Dieu, trouve la LIBERTE.

Oubliant qu'ici-bas, l'intérêt, l'égoïsme,
Le despotisme affreux, le lâche servilisme
Ont établi leurs droits sur l'inégalité,
De l'amour de ce Dieu recevant part égale,
N'ayant à redouter dans son cœur de rivale,
Elle retrouvera la sainte EGALITE.

Brûlant du feu sacré, de cette sainte flamme
Que l'amour de Dieu seul allume dans toute âme,
Qu'ici-bas nous nommons ardente charité,
Au séjour bienheureux, triomphant de la tombe,
Notre âme trouvera, blanche et pure colombe,
Et l'amour éternel, et la FRATERNITE.

DE LA CONSTANCE DANS L'ADVERSITE

XII

DECOURAGEMENT

Frappe encor, ô douleur, si tu trouves la place.
A. De Lamartine

I

Nautonier fatigué, brisé par les orages,
J'ai vu mon frêle esquif entraîné loin du bord ;
A l'horizon brumeux, j'ai vu d'heureux rivages,
Mais sans pouvoir jamais sur ces lointaines plages
Enfin trouver un port ;

Un port tranquille et sûr, et que mon âme envie,
Où du monde méchant viennent mourir les bruits,
Où n'abordera jamais la haine ni l'envie,
Où je pourrai trouver ce bonheur de la vie,
Que partout je poursuis.

Le bonheur !... Ah ! pour moi c'est une ombre éphémère :
Le Ciel, ne m'a-t-il pas créé pour le malheur ?
Et n'est-il pas maudit, dans le sein de sa mère,
Celui qui ne connut que chagrin sur la Terre
Et qu'amère douleur ?

Enfant ais-je reçu la première caresse
D'un père qui sourit à son fils nouveau-né ?
De l'amour d'une mère ais-je senti l'ivresse ?
Ais-je vu son regard, humide de tendresse,

Sur mon front incliné ?

Oh ! non ; la mort cruelle, hélas ! me l'a ravie !
Moi, je nais, elle meurt, et rejoint au tombeau
Mon père moissonné dans la fleur de sa vie.
Mon lot n'est-il pas beau ?... Qui de vous me l'envie ?...
Orphelin au berceau !...

Orphelin, isolé, sans appui dans le monde,
C'est en vain que mon cœur invoque l'amitié :
Je n'ai jamais trouvé de cœur qui me réponde,
Qui, tendrement touché de ma douleur profonde,
En sentît la moitié.

Le contact du malheur rend malheureux sans doute,
Car ils m'évitaient tous, ceux dont je m'approchais,
J'ai rencontré souvent des hommes sur ma route,
Mais pas un cœur ami, pas un cœur qui m'écoute,
Moi qui les suppliais !

Et l'espérance a fui de mon âme flétrie ;
Je ne puis imposer silence à ma douleur :
Je voudrais de mes jours voir la source tarie,
Car je l'entends toujours cette voix qui me crie :
Ton lot, c'est le malheur !

Implacable destin, frappe donc ta victime !
La mort est pour le juste un oreiller bien doux ;
Des souffrances du cœur ferme pour moi l'abîme,
Frappe avant moi, cruel, pour m'éviter un crime ;
Je bénirai tes coups !

COURAGE !

Le vrai courage est de savoir souffrir.
                                    Voltaire

II

Pourquoi laisser aller ta barque à la dérive
Sur la mer de la vie, imprudent passager ?
Est-ce bien le moment, quand la tempête arrive,
D'écouter les terreurs de ton âme craintive ?
Affronte le danger.

Présente dont la proue au tranchant de la lame,
Et des flots irrités conjure la fureur ;
Courage !... Que ce mot, en tombant dans ton âme,
Y ramène l'espoir, salutaire dictame
Aux blessures du cœur.

Navigue sans effroi, car chaque flot t'avance
Vers le rivage heureux où les maux vont finir ;
Comme un point lumineux, vois briller l'espérance,
Qui te signale au loin, ainsi qu'un phare immense
Le port de l'avenir.

Mais le bonheur te fuit ainsi qu'une ombre vaine,
Il t'échappe au moment que tu crois le saisir,
Loin de ce but, dis-tu, le sort fatal t'entraîne....
Mais notre lot à tous ici-bas, c'est la peine
Plutôt que le plaisir.

Comme un pesant fardeau, tu rejettes la vie,
Tu repousses le monde où le sort t'a jeté....
Avec lui cependant un pacte étroit te lie,
Et ta tâche ici-bas, tu ne l'as pas remplie

Envers l'humanité.

Cesse de murmurer, ta plainte est un blasphème ;
Car, plus encor que toi, d'autres sont malheureux ;
Les as-tu secourus dans leur misère extrême ?
Pourras-tu les nommer à ton heure suprême,
Ceux que tu fis heureux ?

Comme toi j'ai souffert, mais souffert en silence ;
Des êtres que j'aimais la mort vint les ravir :
Je les ai vus couchés sur un lit de souffrance,
Lui disputant encor un reste d'existence,
Je les ai vus mourir !

Crois-tu donc qu'à ces coups je ne fus pas sensible ?
Ah ! de ces traits cruels mon sein fut déchiré !
Au désespoir pourtant je fus inaccessible,
Et je sus comprimer tout sentiment pénible
Dans mon cœur ulcéré ;

Car je crois qu'ici-bas le malheur est le gage
De ce bonheur qu'on rêve au-delà des tombeaux ;
Que la vie est pour nous un long pèlerinage,
Et que nous trouverons au terme du voyage
L'oubli de tous nos maux.

J'écoute avec transport cette corde sonore
Qui vibre au fond du cœur de l'homme malheureux,
Cette voix qui lui dit : « Espère, espère encore !
« Attends du dernier jour la bienfaisante aurore :
« Le bonheur est aux cieux ! »

CANTIQUE

XIII

AIR : Des *Trois Couleurs*, ou de *Nostradamus*, de Béranger
Mes bons amis, vous voulez que je chante,
Mais c'est en vain, je sens faiblir ma voix,
Mon cœur est triste et ma main vacillante
Sent échapper la lyre de ses doigts ;
Peut-on chanter quand on voit la misère
Tendre une main que la faim peut tenter :
Un malheureux n'est-il donc pas mon frère, *Bis*
S'il est souffrant (*bis*), amis, faut-il chanter ? *Bis*

Peut-on chanter quand l'intérêt sordide,
De l'or impur le prestige fatal,
Nouveaux soleils, de leur éclat livide,
Ont embrasé l'horizon social.
Peut-on chanter lorsque, feuilles fanées,
Nous vous voyons tour-à-tour emporter
Illusions de nos jeunes années, *Bis*
Peut-on chanter (*bis*), amis, peut-on chanter ? *Bis*

Mais pourquoi non, je sens naître en mes veines
Le feu sacré de l'inspiration,
Pour épancher la source de mes peines,
L'Hébreu, captif loin des murs de Sion,
En suspendant aux saules de Ninive
Son luth muet, laisse encore éclater
En douloureux accents sa voix plaintive *Bis*
Ah ! comme lui (*bis*), amis, je veux chanter. *Bis*

Mais quoi ! gémir, oh ! mes amis, que dis-je ?

Frapper les airs de lamentations ;
Les chants jadis ont produit maint prodige,
Les chants sont gros de révolutions :
Pour renverser du faîte jusqu'aux dalles
Les vieux abus, trop longs à résister,
Pour démasquer la honte et les scandales *Bis*
O mes amis (*bis*), bien haut je veux chanter. *Bis*

Guerre aux abus, aux préjugés funèbres !
Haine aux tyrans, aux lâches oppresseurs,
Démons maudits, anges noirs des ténèbres,
Des libertés infâmes ravisseurs !
A la pensée, aujourd'hui plus d'entraves,
C'est un torrent qu'on ne peut arrêter ;
Un vil bâillon ne sied qu'à des esclaves ; *Bis*
La liberté (*bis*) nous permet de chanter. *Bis*

Honte et mépris à toi, race maudite, (1)
Qui jusqu'à nous ne pouvant te hausser,
Par les détours de ta rage hypocrite,
Jusques à toi voudrais nous abaisser !
Vaste éteignoir du flambeau des lumières,
En vain, au jour tu voudrais résister ;
Rentre à jamais dans ta sombre tanière, *Bis*
Car notre tour (*bis*) est venu de chanter. *Bis*

Et nous, soutiens de la Maçonnerie,
Arbre géant, aux rameaux toujours verts :
Qui sous les cieux n'avons qu'une patrie,
D'un lien d'amour étreignons l'univers :
Peuples, brisez ces ignobles barrières,
Que l'égoïsme ordonna de planter ;
Que les humains, unis comme des frères, *Bis*
N'aient désormais (*bis*) de voix que pour chanter. *Bis*

LA MARSEILLAISE DE LA PAIX

(AUTRE CANTIQUE)
XIV

Air : *De la Marseillaise*

I
Progrès ! partout ce mot résonne
Gage d'un heureux avenir ;
Mais toujours la nuit environne
Cet astre si lent à venir. (*Bis.*)
Pour percer les crêpes funèbres,
Dont se voilent les préjugés,
Maçons, des cœurs découragés,
Dissipez les sombres ténèbres.
Et reprenant leurs droits, la douce charité,
La vérité,
Affranchiront du joug l'humanité.

II
Quoi ! toujours du sang et des larmes,
Toujours d'incessantes clameurs,
Des plaintes et des cris d'alarmes,
Toujours des soupirs et des pleurs ? (Bis.)
Non, sur tous les points de la terre,
Proclamons la fraternité,
La paix, l'amour, la liberté ;
A jamais bannissons la guerre,
Et reprenant leurs droits, la douce charité,
La vérité,
Affranchiront du joug l'humanité.

III
Si parfois la politique
L'égoïsme dicte les lois ;
Que le dévouement maçonnique
Plus haut ose élever la voix ; (Bis.)
De tous les peuples de la terre
Formons une chaîne d'amis,
Dans chacun de nos ennemis,
Ah ! que chacun retrouve un frère !
Et reprenant leurs droits, la douce charité,
La vérité,
Affranchiront du joug l'humanité.

IV
Les uns auraient pour héritage
Et les chagrins et le malheur,
Tandis que les autres en partage
N'auraient que joie et que bonheur ? (Bis.)
Non, le Dieu qui créa le monde,
Pour tous fait lever son soleil ;
Ah ! proclamons un droit pareil,
Aidons le pauvre que l'on fronde ;
Et reprenant leurs droits, la douce charité,
La vérité,
Affranchiront du joug l'humanité.

V
Maçons que ce banquet rassemble,
Vrais soldats de la vérité,
Vidons, amis, vidons ensemble,
La coupe de fraternité ; (Bis.)
Puissions-nous, c'est mon espérance,
A tout profane offrant la main,
Tous, un jour voir le genre humain

Former une sainte alliance.
Et reprenant leurs droits, la douce charité,
La vérité,
Affranchissant du joug l'humanité.

ALERTE !

(AUTRE CANTIQUE)
XV

AIR : *Ainsi jadis un grand Prophète.*

I
Alerte ! que ce cri rallume
Maçon, ton invincible ardeur ;
Comme le marteau sur l'enclume,
Qu'il résonne au fond de ton cœur :
Quoi ! ta vigilance sommeille,
Quoi ! tu négliges tes travaux,
Tandis que ton ennemi veille
Pour profiter de ton repos. *(Bis)*

II
Alerte ! active sentinelle
Sur la route de l'avenir,
Alerte ! pour tromper ton zèle,
De toutes parts il peut venir.
Alerte ! voici l'Ignorance
Qui vient là-bas sur le chemin,
Avec sa sœur l'Intolérance,
Toutes deux se donnant la main. *(Bis)*

III
Alerte sur l'obscurantisme !
Feu ! de mille flots de clarté !
Alerte encor sur l'égoïsme !
Opposons-lui la charité ;
Alerte sur l'ignominie !

Mépris aux calomniateurs !
Vouons à la même infamie
Et corrompus et corrupteurs ! (*Bis*)

IV
Guerre au duel, triste héritage
Du passé, guerre au point d'honneur,
Qui fait consister le courage
A mourir ou rester vainqueur ;
Puis érige en vertu l'adresse,
Admet le double assassinat,
Et livre une ardente jeunesse
Aux chances d'un fatal combat. (*Bis*)

V
Alerte sur ces faux systèmes,
Œuvres d'imprudents novateurs !
Obscurs et périlleux problèmes,
Astres aux livides lueurs ;
A leur clarté douteuse et pâle,
Opposons la vive clarté
De cet astre qu'aucun n'égale :
Du soleil de la vérité ! (*Bis*)

VI
Alerte ! vigilant pilote
De l'arche sainte du progrès,
Si l'onde en fureur te ballotte,
Si le vent souffle en tes agrès,
Maçon, pour éviter l'orage,
Ne prends pas l'écueil pour le port ;
Car Dieu veille sur son ouvrage
Et te fera toucher le bord. (*Bis*)

VII

Le torrent meurt près de sa source ;
Le fleuve au loin poursuit son cours ;
L'athlète qui règle sa course
Au but, vainqueur parvient toujours ;
Jamais de folle impatience,
Chaque instant nous mène au progrès ;
Mais courage et persévérance
Sont seuls les garants du succès. (*Bis*)

VIII

Alerte ! en ce jour d'allégresse,
Trinquons à la fraternité,
Sans craindre la trompeuse ivresse,
Frères, buvons en liberté.
Pour nous, du ciel un bon génie
Veillera sur le genre humain,
Et voyant la garde endormie,
Fera le guet jusqu'à demain. (*Bis*)

www.ingramcontent.com/pod-product-compliance
Lightning Source LLC
Chambersburg PA
CBHW070518090426
42735CB00012B/2832